# Ka Moe Ngā Mea Katoa

# Everything Sleeps

Bilingual Te Reo Māori-English Edition

Kōrero nā Emma Alaġbary
Written by Emma Alaġbary

Whakaahua nā Hana Alaġbary
Illustrated by Hana Alaġbary

Published by Little Dragon Books

Dunedin, New Zealand

Bilingual Māori-English - First Edition
Paperback

ISBN-13: 978-0-473-61867-4

littledragonbooks.com

# Ka Moe Ngā Mea Katoa
# Everything Sleeps

Bilingual Te Reo Māori-English Edition

Ka moe ngā ika me ō rātou kanohi tuwhera.

Fish sleep with their eyes open.

Ka moe ngā hōiho i te tū!

Horses sleep standing up!

Ka moe ngā pekapeka e iri ana ki ona waewae.

Bats sleep upside down.

Ka moe a otter me te pupuri ringa.

Otters hold hands while they sleep.

Ka moe te giraffe me tōna māhunga ki muri.

Giraffes take naps with their heads on their backs.

Ka moe te aihe me te
kanohi kotahi.

Dolphins sleep with one eye open.

He maha ngā hāmoemoe a te toroa i a ia e rere ana!

Albatrosses take lots of tiny naps... while flying!

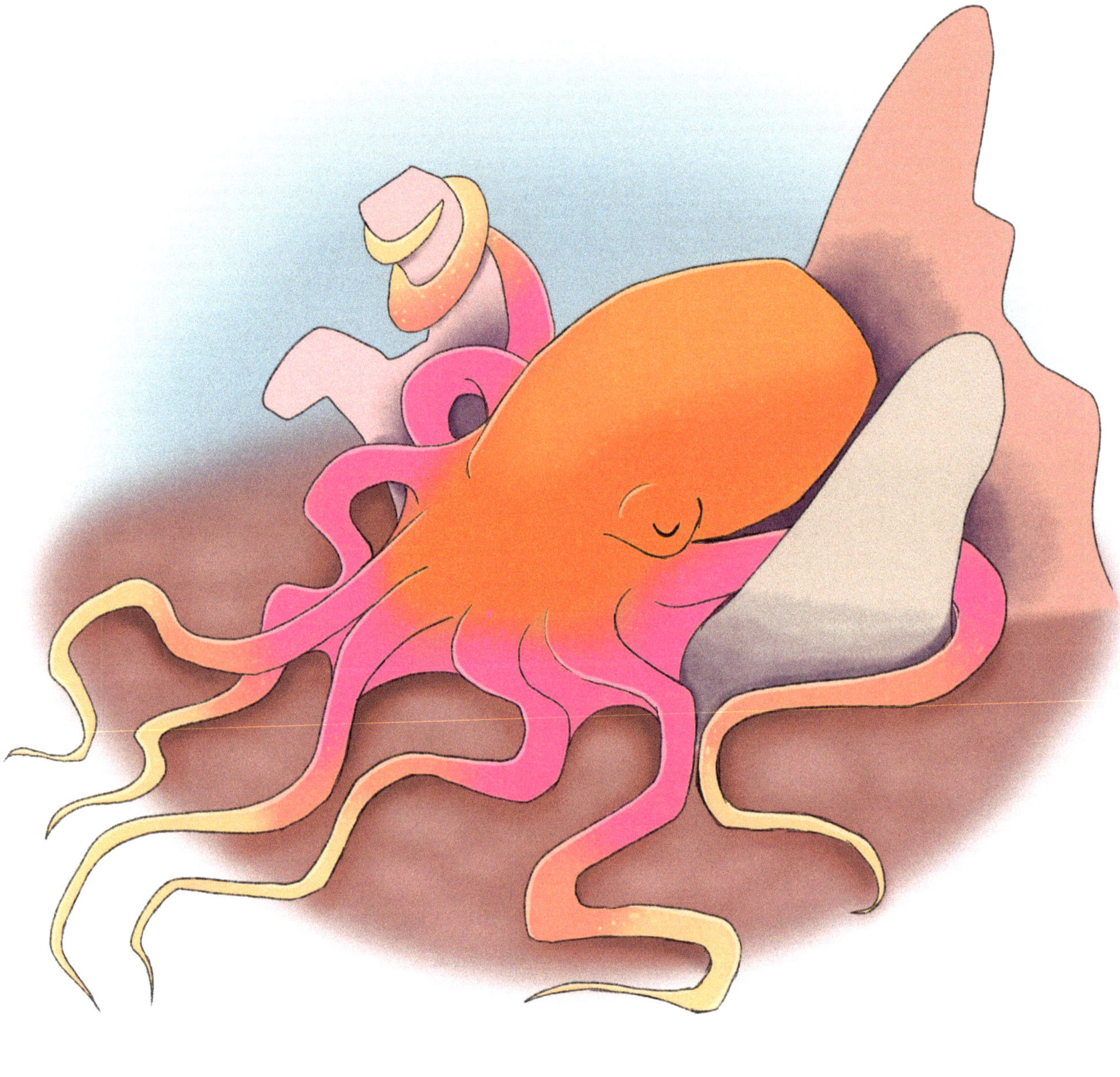

Ka huri te tae ō te wheke
i te wā e moe ana.

Octopi change color while they sleep.

Ka moe ngā rakiraki i roto i ngā rārangi.

Ducks sleep in rows.

Ka moe ngā meerkat i roto i ngā pūranga.

Meerkats sleep in piles.

7:00 PM

Ka moe te pea māngere
i te nuinga ō te rā.

Sloths sleep for at least half the day.

Ka moe ngā pea i te hōtoke.

Bears sleep all winter.

October

Ka moe te ngata mō
ngā tau!

Snails sleep for years!

Ka moe ngā makimaki
pērā i ā tātou.

Gorillas sleep just like we do.

He nui te moe a ngā pēpi!

Babies sleep. A lot!

Ka moe ngā pakeke
me ngā tuākana.

Even grown-ups and big brothers
and sisters sleep.

A ko koe?
Moe mai hoki koe.

And you?
You sleep too, of course.

Pō mārie.

Good night!

# Ngā Momo Moe

Awatea/Diurnal - Ko te hunga e oho ana i te awatea, ka moe i te pō. He awatea/diurnal mātou.

Moeao/Nocturnal - Ko te hunga e oho ana i te pō, ka moe i te awatea. Ko ngā kararehe pēnei i te pekapeka me te hetiheti he moeao/nocturnal.

Crepuscular - Ko te hunga e oho ana i te ata me te pō. Ko ngā kararehe pēnei i te pea me te ngeru he crepuscular.

Metaturnal or Cathemeral - Ko te hunga e oho ana i ngā wā rerekē o te ao me te pō. Ko ngā kararehe pēnei i te raiona me te rāpeti he metaturnal.

# Different Ways To Sleep

Diurnal - Active during the day and asleep at night. Humans are diurnal.

Nocturnal - Active at night and asleep during the day. Animals like bats and hedgehogs are nocturnal.

Crepuscular - Most active during dawn and dusk and sometimes on cloudy days and bright nights. Animals like bears and cats are crepuscular.

Metaturnal or Cathemeral - Active at various times during the day and night. Lions and rabbits are metaturnal. Some animals that switch from diurnal to nocturnal with the seasons are considered metaturnal.

# Also Available in
## English and Arabic-Engish Editions

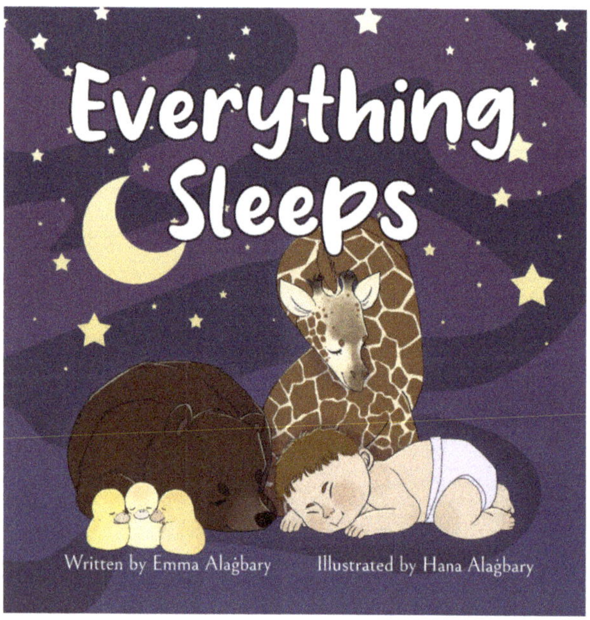

Little Dragon Books

treasures you can read

Did your children enjoy this book?

We're an independent publisher, support us by:
Leaving a review on Amazon and Goodreads.
Signing up to our newsletter littledragonbooks.com/news
Visiting our website and following our social media.
Asking your local library and bookstore to order our books.

littledragonbooks.com

www.ingramcontent.com/pod-product-compliance
Ingram Content Group UK Ltd.
Pitfield, Milton Keynes, MK11 3LW, UK
UKHW061950290726
14090UKWH00021B/1166

9 780473 618674